...VIA
...METROPOLIS.

F. G. H.

...VLA FL. REGNVM DIVIDENS

1. Barbakan
   Barbican
   Barbakane

2. Brama Floriańska
   Floriańska Gate
   Florianstor

3. Teatr Słowackiego
   Słowacki Theatre
   Słowacki-Theater

4. Kościół św. Krzyża
   Holy Cross Church
   Heiligkreuzkirche

5. Muzeum Czartoryskich
   Czartoryski Museum
   Czartoryski-Museum

6. Kościół św. Marka
   St. Mark's Church
   Markuskirche

7. Pałac Sztuki
   Palace of Art
   Palais der Künste

8. Sukiennice
   Cloth Hall
   Tuchhallen

9. Wieża Ratuszowa
   Town Hall Tower
   Rathausturm

10. Kościół Mariacki
    St. Mary's Church
    Marienkirche

11. Kościół św. Wojciecha
    St. Adalbert's Church
    Adalbertkirche

12. Kościół św. Anny
    St. Anne's Church
    Annenkirche

13. Collegium Maius

14. Collegium Novum

15. Pałac Biskupi
    Bishops' Palace
    Palast der Bischöfe

16. Kościół Franciszkanów
    Franciscan Church
    Franziskanerkirche

17. Kościół Dominikanów
    Church of the Dominicans
    Dominikanerkirche

18. Kościół św. Piotra i św. Pawła
    SS Peter and Paul's Church
    Peter-und-Paul-Kirche

19. Kościół św. Andrzeja
    Church of St. Andrew
    Andreaskirche

20. Zamek Królewski
    Royal Castle
    Königsschloß

21. Katedra
    Cathedral
    Dom

22. Smocza Jama
    Dragon's Cave
    Drachenhöhle

KRAKÓW

CRACOW

KRAKAU

Rys. Szelerewicz 1996

KRAKÓW CRACOW KRAKAU

Christian Parma

Wydawnictwo PARMA® PRESS

Zdjęcia na okładce: Rynek z Sukiennicami i kościołem Mariackim; Zamek Królewski na Wawelu
Cover photos: Main Market Square with the Cloth Hall and St. Mary's Church; Royal Castle at the Wawel
Auf dem Umschlag: Ring mit Tuchhallen und Marienkirche. Königsschloß auf dem Wawel
Zdjęcia na stronach przedtytułowych: Kościół Mariacki; Widok na Wawel z ulicy Grodzkiej
Flyleaf: St. Mary's Church; View of the Wawel from Grodzka Street
Aufnahmen vor der Titelseite: Marienkirche. Wawelanhöhe von der Burgstraße aus

Zdjęcia/Photos/Aufnahmen: CHRISTIAN PARMA

Plan miasta/City map/Stadtplan: MARIUSZ SZELEREWICZ

Tekst wstępu/Text of the introduction/Einleitung: ELŻBIETA MICHALSKA

Tłumaczenia/Translation/Übersetzungen:
Angielski/English/Englisch: ELŻBIETA KOWALEWSKA
Niemiecki/German/Deutsch: ECKEHARD KĘSICKI

Opracowanie graficzne/Layout/Layout: BOGNA PARMA

Fotoskład/Photocomposition/Lichtsatz: STUDIO PARMA IMAGE, (0-4822) 11-02-68 (242)

© Wydawnictwo PARMA® PRESS, Warszawa 1996

Wydawnictwo/Publishers/Verlag PARMA PRESS,
03-310 Warszawa, ul. Staniewicka 1, ☎ (0-4822) 11-69-73, 11-71-83, 614-30-44

ISBN 83-85743-11-1

• Rynek (
  z XIV w
• Main M
  and St. /
• Der Kra
  einer gr

...kszych europejskich placów średniowiecznych, do dziś zadziwiający swoim rozmachem i dojrzałością założeń urbanistycznych. Panorama Rynku z Sukiennicami - wielką halą targową
...łem Mariackim oraz kościołem św. Wojciecha

...he largest medieval squares in Europe, still amazes with the boldness and maturity of its design. The view embraces the Cloth Hall - a big 14th-c. covered market, Gothic St. Mary's

...größten europäischen Markplätze, der bis auf den heutigen Tag durch seine Großzügigkeit und wohldurchdachte städtebauliche Anlage begeistert. Gesamtansicht mit den Tuchhallen,
...m 14. Jahrhundert, der gotischen Marienkirche und der Adalbertkirche

KRAKÓW

U stóp Karpat nad Wisłą leży miasto, które zajmuje szczególne miejsce w sercu każdego Polaka. Jest to Kraków. Znaczenie tego miasta wiąże się ściśle z historią, nie tylko jego własną, ale z historią całego narodu polskiego. Było ono przez wiele stuleci miastem stołecznym.

Na skarpie nad Wisłą znajduje się Wawel - siedziba królów polskich. Zamek i katedra trwają tu obok siebie od wielu stuleci. Zamek od zarania dziejów był królewską siedzibą, a katedra miejscem koronacji i spoczynku władców.

Zamek przeżywał wiele przeobrażeń. Niszczyły go pożary, ale stale był odbudowywany. Najpierw była tu romańska budowla, potem - od XIV stulecia - potężny zamek gotycki. W XVI wieku został przebudowany w stylu renesansowym i w takim kształcie trwa do dziś. Największą ozdobą komnat zamkowych są arrasy, które zostały sprowadzone na Wawel w XVI wieku przez króla Zygmunta Augusta. Do chwili obecnej zachowała się część tej wspaniałej kolekcji.

Obok zamku stoi katedra, która przez wieki była najważniejszym sanktuarium na ziemiach polskich. Początki jej sięgają czasów panowania pierwszych królów. Począwszy od koronacji Władysława Łokietka w 1320 roku katedra wawelska była miejscem uroczystości koronacyjnych i miejscem spoczynku niemal wszystkich królów polskich. Była również miejscem, gdzie królowie składali w akcie dziękczynienia zdobyte na wrogach trofea wojenne. Wewnątrz katedry znajdują się sarkofagi królów Władysława Jagiełły, Władysława Łokietka, Kazimierza Wielkiego, królowej Jadwigi. Pośrodku ustawiona jest srebrna trumna św. Stanisława. Wokół pobudowane zostały liczne kaplice, wśród których najwspanialsza jest kaplica Zygmuntowska. W podziemiach znajdują się liczne groby królów. Katedra jest także miejscem spoczynku zasłużonych Polaków. Leżą tu poe Adam Mickiewicz i Juliusz Słowacki, wielcy wodzowie - Tadeusz Kościuszko i marszałek Józef Piłsudski. Na jednej z trzech wież katedralnych, na wieży Zygmuntowskiej zawieszony został, odlany w XVI wieku, dzwon zwany Zygmuntem. Bije on tylko w czasie największych świąt kościelnych i uroczystości narodowych.

Pod wzgórzem wawelskim położone jest Stare Miasto, otoczone Plantami, które powstały na miejscu rozebranych na początku XIX wieku murów obronnych. Świetnymi pozostało ciami tych murów są Barbakan i Brama Floriańska. Planty są wspaniałym pasem zieleni, który może być miejscem wypoczynku.

Stare Miasto zachowało kształt nadany mu w XII wieku Rozkład ulic i centralne położenie Rynku przetrwało wszystki przebudowy miasta. Rynek Główny przez stulecia stanowił centrum życia religijnego, gospodarczego i administracyjnego Krakowa. Pośrodku stoją Sukiennice, które założone zostały jeszcze w drugiej połowie XIII stulecia. Także dzisiaj znajduj się tu liczne kramy z pamiątkami i wyrobami rzemiosła artystycznego. W salach na piętrze mieści się galeria malarstwa polskiego XIX wieku. Obejrzeć tu można dzieła Jana Matejki Piotra Michałowskiego, Józefa Chełmońskiego, Jacka Malczewskiego, braci Gierymskich.

Największą budowlą Rynku jest kościół Mariacki – ówna świątynia Krakowa. Początki jej sięgają także XIII eku. Z wyższej wieży kościoła co godzinę rozlega się hejnał dący muzycznym symbolem tego miasta. Wewnątrz, znajduje ołtarz wyrzeźbiony w XV wieku przez Wita Stwosza. Jest to jwiększe dzieło rzeźbiarskie późnego średniowiecza Polsce.

Rynek otoczony jest kamienicami i pałacami. Najoka-Isze to pałac Pod Krzysztofory, pałac Spiski, pałac Pod Bara-mi, pałac Zbaraskich. Znaleźć tu można liczne wiarnie i restauracje. U Hawełka i u Wierzynka istnieją już I wielu stuleci i gościły królów nie tylko polskich.

Przed kościołem Mariackim wznosi się pomnik Adama ickiewicza. Jest to jeszcze jeden symbol miasta. Przyciąga on szystkich zwiedzających. W jego pobliżu sprzedają kwiaty /nne krakowskie kwiaciarki. Tytaj także co roku w pierw-ych dniach grudnia odbywa się niecodzienny konkurs na jpiękniejszą szopkę krakowską.

Kraków od wielu stuleci pełni także rolę miasta iwersyteckiego. Znajduje się tu założony w XIV wieku niwersytet Jagielloński. Uczelnia ta w czasie swego elowiekowego istnienia wykształciła wiele pokoleń teligencji. Największymi chlubami Uniwersytetu są Mikołaj opernik i papież Jan Paweł II.

Kraków ma swój specyficzny koloryt. Od stuleci w mieście tym gromadzili się artyści i ludzie wybitni. Miało to szczególne znaczenie w czasie, gdy Polski nie było na mapach Europy. Miasto to było ostoją kultury i tożsamości narodowej. Świadczyło o historii państwa swoimi pamiątkami i dziełami sztuki. Tworzyli tu wielcy pisarze i poeci, wpisując to miasto na karty literatury narodowej.

Także w chwili obecnej Kraków pełni tę rolę. Jest wiel-kim współczesnym miastem pielęgnującym prastare obyczaje. W Boże Ciało odbywają się tu procesje, które wyruszają z katedry wawelskiej i przechodzą na Rynek Główny. W orszaku zwracają uwagę stroje ludowe z regionu Polski południowej. Ma także Kraków Lajkonika, którego pochód otwiera trwające każdego czerwca Dni Krakowa - festiwal kultury i sztuki grodu podwawelskiego. Jest to jeździec na drewnianym koniu ubrany w barwny, zaprojektowany przez Stanisława Wyspiańskiego, strój tatarski. Jego harce upamiętniają zwycięstwo nad Tatarami odniesione przez krakowian w 13 wieku. Także w czerwcu odbywają się międznarodowe festiwale filmów krótkometrażowych, a we wrześniu jest Kraków miejscem Ogólnopolskich Targów Sztuki Ludowej, połączonych z kiermaszem wyrobów rzemieślniczych.

Swoim niepowtarzalnym kolorytem przyciąga Kraków artystów także dziś. Ma swoje teatry i galerie. Powstały tu dzieła Krzysztofa Pendereckiego, Stanisława Lema i Tadeusza Kantora. Działa szeroko znany kabaret „Piwnica Pod Baranami".

Ale przedewszystkim jest Kraków wspaniałym świad-kiem dziejów narodu, jego kultury i sztuki. W murach jego zastygła historia, żeby świadczyć o świetności narodu pol-skiego.

CRACOW

At the foot of the Carpathian Mountains, on the River Vistula, lies a city especially dear to every Pole. Cracow. The city tightly set in history, not only its own, but also the history of the whole nation. For many centuries the capital of Poland.

From the Vistula escarpment the Wawel protrudes, the seat of Polish kings. The Castle and the Cathedral have stood here side by side for hundreds of years. The Castle gave accommodation to the monarchs; they were crowned and buried in the Cathedral.

The Castle has undergone many transformations. Destroyed by fires, it was constantly raised anew. The first structure was Romanesque. From the 14th century it was a huge Gothic castle. Rebuilt in the Renaissance style in the 16th century, it has stayed like this until now. The most famous interior decoration, the wall carpets, or arrases were brought to the Wawel by King Sigismund Augustus in the 16th century. Only a part of their magnificent collection has survived.

The nearby Cathedral used to be the most important sanctuary in the Polish land for centuries. Its foundation dates back to the time of the first Polish kings. From Władysław the Short's coronation in 1320 the Wawel Cathedral was the site of coronations and the necropolis of almost all Polish rulers. Here also the monarchs laid their war trophies as thanksgiving. The Cathedral contains the tombs of kings Władysław Jagiełło, Władysław III, Władysław the Short, Casimir the Great and Queen Jadwiga. In the middle, the silver sarcophagus of St. Stanisław stands surrounded by numerous chapels, the most splendid of them being the Sigismund Chapel. More royal tombs are in the cathedral vaults. The church is also a burial place for many great Poles: the poets Adam Mickiewicz and Juliusz Słowacki, the great leaders Tadeusz Kościuszko and Marshal Józef Piłsudski. One of the three cathedral towers, the Sigismund Tower contains the famous Sigismund Bell, cast in the 16th century. Its sound accompanies only the most important church holidays and national events.

The Old Town spreads below the Wawel Hill. It is encircled by the Planty, a green belt arranged on the site of the former defence walls pulled down in the early 19th century. Beautiful reminders of these walls are the Barbican and the Floriańska Gate. The Planty is a nice place for taking some re

The Old Town has preserved its 12th-century shape. The street layout and the central situation of the Market Square ha survived all the alterations in urban design. The Main Market Square was the religious, economic and administrative centre Cracow for many past centuries. The Cloth Hall in the middle of the square was founded in the second half of the 13th century. Today it also contains numerous stalls selling souvenirs and folk craft items. The upper floor houses a galler of Polish 19th-century painting, where you can see works by Jan Matejko, Piotr Michałowski, Józef Chełmoński, Jacek Malczewski or the Gierymski brothers.

St. Mary's Church, the chief temple of Cracow, dominates the Market Square. It also dates back to the 13th century. Every hour the bugle-call, Cracow's symbol, is sent out from the taller tower of the church. St. Mary's boasts a masterpiece of late-medieval sculpture in Polad, the 15th-century high altar by Veit Stoss.

The Market Square is surrounded by houses and palaces, which the most outstanding are the Krzysztofory, Spiski, Pod ranami (Rams') and Zbaraski palaces. Cafés and restaurants ound there. The Hawełka and Wierzynek restaurants are so I they had kings as their guests, and foreign kings, too.

The Adam Mickiewicz Monument, another symbol of the y, stands in front of St. Mary's Church. All visitors come to it, also to have a look at the famous Cracow flower vendors. re also a unique competition of traditional Cracow Christmas bs takes place at the beginning of every December.

Cracow has also maintained its ancient tradition of a iversity town. The Jagiellonian University, established in the th century, has educated many generations of Polish elligentsia. Its most glorious students were Nicolaus pernicus and Pope John Paul II.

Cracow has its own atmosphere. It has always been a mecca for artists and other outstanding people. When Poland was wiped out from the map of Europe this was of great significance, for Cracow served as the mainstay of national culture and identity. The city's historic relics and works of art gave evidence to the history of the state. The great writers and poets who worked here earned the city a key position in the history of Polish literature.

Today Cracow plays a similar role. This big modern city cherishes its age-old customs. The annual Corpus Christi procession starts from the Wawel Cathedral and makes its way to the Main Market Square. The participants are dressed in folk costumes of southern Poland. Every June the Lajkonik Peagant opens the festival of culture and art called the Cracow Days. Lajkonik is a Tartar figure prancing about on a wooden horse to commemorate the Cracow people's victory over the Tartars in the 13th century, whose colourful costume was designed by the poet and painter Stanisław Wyspiański. Also in June the International Short Film Festival is held and in September the Folk Art Fair takes place in Cracow, with lots of handicraft on sale.

Cracow continues to attract artists with its unique atmosphere, its theatres and galleries. In this city the works by composer Krzysztof Penderecki, writer Stanisław Lem and avantgarde artist Tadeusz Kantor were created. Cracow's Piwnica pod Baranami is a world-known cabaret.

But first and foremost, Cracow is a magnificent reflection of the nation's history, culture and art. History dwells in every stone in the city, showing the greatness of the Polish nation.

KRAKAU

Zu Füßen der Karpaten erstreckt sich an der Weichsel eine Stadt, die einem jeden Polen besonders am Herzen liegt. Ihre Bedeutung hängt nicht nur mit der eigenen Stadtgeschichte, sondern der Geschichte der gesamten polnischen Nation zusammen, da Krakau über Jahrhunderte hinweg Hauptstadt Polens gewesen ist.

An einer Weichselschleife liegt der Krakauer Schloßberg – Wawel genannt. Schloß und Dom trotzen hier seit Jahrhunderten der Zeit. Das Schloß war von Anbeginn seiner Geschichte königlicher Sitz, und im Dom wurden die Herrscher gekrönt und zu Grabe getragen.

Das Schloß hat viele Veränderungen über sich ergehen lassen. Desöfteren ausgebrannt, ist es immer wieder neu auf-gebaut worden. Anfänglich war es ein romanischer Bau und seit dem 14. Jahrhundert eine mächtige gotische Burg. Im 16. Jahrhundert hat man die Burg zu einem Renaissance-Schloß umgebaut, und in dieser Form überdauerte das Schloß bis heute. Der wertvollste Schmuck der Säle und Kemenaten sind die Wandbehänge, die im 16. Jahrhundert von König Sigismund August in Auftrag gegeben worden waren. Nur ein Teil seiner großartigen Sammlung ist erhalten geblieben.

Neben dem Schloß steht der Dom, der Jahrhunderte hindurch das wichtigste Sanktuarium in polnischen Landen war. Seine Anfänge reichen in die Regierungszeit der ersten Könige zurück. Seit der Krönung von Ladislaus dem Kurzen im Jahre 1320 war der Dom auf der Wawelanhöhe von nun an der Ort, wo die Krönungszeremonien vollzogen wurden und wo fast alle polnischen Könige ihre letzte Ruhe fanden. Er war auch die Stätte, wo die Könige von den Feinden erbeutete Kriegs-trophäen aufbewahrten. Im Dom stehen die Sarkophag der Könige Ladislaus I. des Kurzen, Ladislaus II. Jagello, Ladislaus III., Kasimir des Großen und der Königin Hedwig. der Mitte ist der silberne Sarg des heiligen Stanislaus aufgebahrt. Rings-um wurden zahlreiche Kapellen errichtet, von denen die des Sigismund die schönste ist. In den unterirdischen Gewölben liegen weitere Königsgräber. Doch auch Personen aus dem öffentlichen Leben hat man im Dom bestattet. Hier ruhen die Nationaldichter Adam Mickiewicz und Juliusz Słowacki, so große Führerpersönlichkeiten wie Tadeu Kościuszko und Marschall Józef Piłsudski. In einem der drei Türme des Domes hängt die im 16. Jahrhundert gegossene Sigismundglocke, die nur bei sehr wichtigen Kirchenfeiern und nationalen Gedenktagen angeschlagen wird.

Unterhalb der Wawelanhöhe erstreckt sich die von Grün anlagen umgebene Altstadt. Der Grünstreifen entstand anstelle der zu Beginn des 19. Jahrhunderts abgetragenen Wehrmauern Erhaltene Reste dieser Stadtmauern sind das Florianstor und Barbakane.

Die Altstadt hat ihr im 12. Jahrhundert verliehenes Gepräge bis heute beibehalten. Das Straßennetz und der zentr gelegene Markt haben alle späteren Umbauarbeiten überdauer Über Jahrhunderte hinweg bildete der Ringmarkt den Mittelpunkt des öffentlichen, religiösen und wirtschaftlichen Lebens der Stadt Krakau. Auf dem Ring stehen die Tuchhalle die bereits Mitte des 13. Jahrhunderts errichtet worden waren. Auch heute herrscht hier lebhaftes Treiben. In den vielen kleinen Geschäften werden Andenken und kunsthandwerlich Erzeugnisse angeboten. In den Sälen des Obergeschosses hat man eine Gemäldeausstellung polnischer Malerei des 19. Jahrhunderts eingerichtet. Zu sehen sind dort Werke von Jan Matejko, Piotr Michałowski, Józef Chełmoński, Jacek Malczewski und der Brüder Gierymski.

Das größte Gebäude am Ring ist die Marienkirche – das bedeutendste Gotteshaus der Krakauer Bürger. Ihre Anfänge reichen gleichfalls zurück bis ins 13. Jahrhundert. Von ihrem höheren Turm aus erklingt stündlich ein Turmlied, das zum musikalischen Wahrzeichen Krakaus geworden ist. Im Inneren der Kirche kann man den im 15. Jahrhundert vom Nürnberger Veit Stoß geschnitzten Hauptaltar bewundern. Es ist das größte Meisterwerk der Schnitzkunst des ausgehenden Mittelalters in Polen.

Umringt wird der Markt von stattlichen Bürgerhäusern und Palästen der einstigen Magnaten. Hier stößt man auf zahlreiche Cafés und Wirtshäuser, von denen einige bereits seit Jahrhunderten bestehen und in denen selbst Könige, nicht nur Polnische, zu Gast weilten.

Vor der Marienkirche steht das Mickiewicz-Denkmal – ein weiteres Symbol der Stadt, von dem die Besucher angezogen werden. Zu seinen Füßen bieten Krakauer Blumenverkäuferinnen ihre Ware an. Gleichfalls hier werden alljährlich in den ersten Dezembertagen die schönsten Krakauer Weihnachtskrippen zur Schau gestellt.

Krakau ist seit vielen Jahrhunderten Universitätsstadt. Am bekanntesten ist die im 14. Jahrhundert gegründete Jagellonenuniversität. Ganze Generationen von Akademikern sind an dieser Hochschule ausgebildet worden. Zu ihren berühmtesten Absolventen zählen Nicolaus Kopernikus und Papst Johannes Paul II.

Krakau hat ein ganz spezifisches Fluidum. Stets hat es Künstler und herausragende Persönlichkeiten angezogen. Von besonderer Bedeutung war das zu der Zeit, als Polen aufgehört hatte, auf der politischen Landkarte Europas zu existieren. Die Stadt wurde zu einem Sammelpunkt der Kultur und nationalen Identität. Sie dokumentierte mit ihren Denkmälern und Kunstwerken die Geschichte des Staates. Hier fanden Schriftsteller und Dichter ein Zuhause, die diese Stadt in die Geschichte der Nationalliteratur haben eingehen lassen.

An all dem hat sich bis heute nicht viel geändert. Krakau ist eine moderne Großstadt, die an ihren uralten Traditionen weiterhin festhält. Zu Fronleichnam zieht die Prozession wie seit alters her vom Dom zum Ring – in ihrem Gefolge Menschen in traditionellen Trachten aus dem südlichen Polen. Krakau hat auch sein eigenes Steckenpferd – hier Lajkonik genannt – das alljährlich mit einem Umzug im Juni die Krakauer Festtage eröffnet. Es ist ein Reiter in Tatarentracht auf einem hölzernen Pferd. Seine wilden Sprünge sollen an die siegreiche Abwehr der Tataren im 13. Jahrhundert erinnern. Gleichfalls im Juni findet ein inter-nationales Kurzfilmfestival statt, und im September wird in Krakau eine Volkskunstmesse abgehalten, die mit dem Verkauf von handwerklichen Erzeugnissen verbunden ist.

Mit seinem einmaligen Kolorit zieht auch heute Krakau Künstler in seinen Bann. In Theatern und Galerien steht ihnen entsprechender Platz zur Verfügung. In dieser Stadt sind die Werke von Krzysztof Penderecki, Stanisław Lem und Tadeusz Kantor entstanden. Weithin bekannt ist das Kabarett im Keller „Zu den Widdern".

Doch vor allem zeugt Krakau von der Geschichte des Volkes, seiner Kunst und Kultur. In seinen Mauern ist die Geschichte erstarrt, um von den ruhmreichen Tagen der polnischen Nation zu berichten.

- Wzgórze Wawelskie, malowniczo usytuowana nad Wisłą wapienna skała, na której wzniesiono zespół budowli: gotycko - renesansowy Zamek Królewski, gotycką katedrę, mury obronne z basztami
- Wawel Hill, the picturesque limestone Vistula escarpment with the Gothic-Renaissance Royal Castle and the Gothic Cathedral, surrounded by bastioned defence walls
- Die Wawelanhöhe – ein malerisch an der Weichsel gelegener Kalkfelsen, auf dem man einen ganzen Komplex von Gebäuden errichtet hat: das Königsschloß im Stil der Renaissance, den gotischen Dom und Schutzwälle mit Basteien

- Katedra wawelska, wieże: Zygmuntowska i Zegarowa
- Wawel Cathedral: the Sigismund and Clock towers
- Krakauer Dom auf dem Wawel. Sigismundturm und Uhrenturm

- Smok Wawelski, rzeźba przed wejściem do jaskini Smocza Jama
- Wawel Dragon, a sculpture by the entrance to the Smocza (Dragon's) Cave
- Waweldrachen. Skulptur am Eingang zur Drachenhöhle

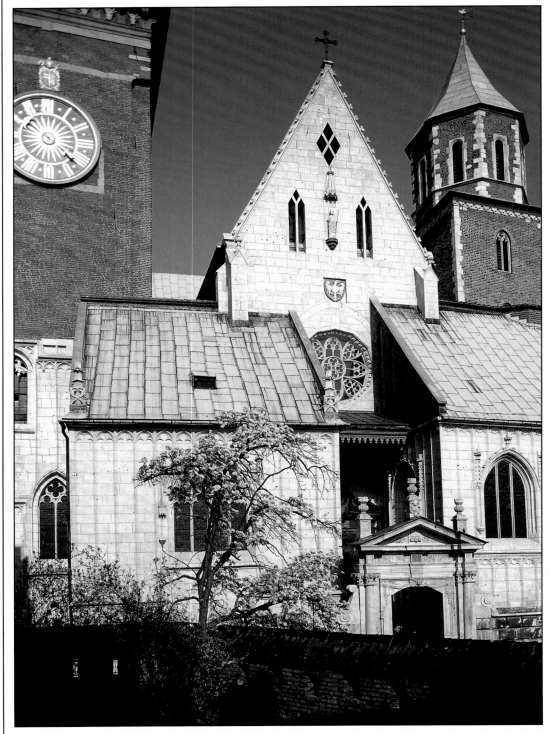

- Fasada katedry św. Stanisława i św. Wacława na Wawelu z wieżami: Zegarową i Srebrnych Dzwonów
- Façade of the Wawel Cathedral, dedicated to St. Stanisław and St. Vaclav, with the Clock and Silver Bells towers
- Fassade des Doms zu den beiden Heiligen Stanislaus und Wenzel mit dem Uhrenturm und dem Turm der silbernen Glocke

- Pomnik Tadeusza Kościuszki , w tle wieża Zygmuntowska katedry
- Tadeusz Kościuszko Monument; the Sigismund Tower in the background
- Kościuszko-Denkmal. Hinten der Sigismundturm des Doms

...dra, barokowa kaplica Wazów i renesansowa kaplica
...muntowska ze złotą kopułą
...edral: the Baroque Vasa Chapel and the Renaissance Sigismund
...pel with its gilt dome
...n. Barocke Wasakapelle und Renaissance-Sigismundkapelle
...hrer goldenen Kuppel

- Katedra wawelska zza kwitnących krzewów magnolii
- Wawel Cathedral seen from behind blooming magnolias
- Der Dom hinter blühenden Magnoliensträuchern

- Wejście do katedry
- Entrance to the Cathedral
- Eingang zum Dom

- Nawa główna katedry, pośrodku pod kopułą - konfesja św. Stanisława z relikwiami w trumnie ze srebrnej, cyzelowanej blachy
- Cathedral nave: under the dome in the centre, the shrine of St. Stanisław with the holy relics in a carved silver coffin
- Im Mittelschiff des Doms. Unter der Kuppel das Mausoleum des hl. Stanislaus mit den in einem ziselierten Silbersarg aufbewahrten Reliquien

- Kaplica Świętokrzyska z połowy XV w. w katedrze wawelskiej
- Mid-15th-c. Holy Cross Chapel in the Cathedral
- Dom. Heiligkreuzkapelle aus dem 15. Jahrhundert

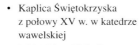

- Sarkofag króla Kazimierza Wielkiego
- Tomb of King Casimir the Great
- Sarkophag König Kasimir des Großen

- Nagrobek z białego marmuru królowej Jadwigi, neogotycki
- Neo-Gothic white-marble tombstone of Queen Jadwiga
- Neogotisches Grabmal der Königin Hedwig aus weißem Marmor

- Zamek Królewski na Wawelu od wschodu, z charakterystycznym narożnikiem zwanym „Kurzą Stopką". Wewnątrz zamku kolekcja arrasów wawelskich, pamiątek narodowych, zbiory malarstwa, tkanin, zabytkowych mebli
- Royal Castle on the Wawel from the east, with its specific corner tower known as Hen's Foot. The Castle interiors house the collection of Wawel arrases, national mementoes, paintings, tapestries and antique furniture
- Ansicht des Krakauer Schlosses von Osten mit dem Hahnenfuß genannten Anbau. Im Schloßinneren Sammlungen von Wandbehängen, Gemälden und Möbeln

- Dziedziniec wawelskiego zamku z renesansowymi kolumnowo - arkadowymi krużgankami. W podziemiach pod obecnym zamkiem zachowana rotunda przedromańska
- Wawel Castle courtyard with Renaissance cloisters. A pre-Romanesque rotunda has been preserved beneath the Castle
- Schloßinnenhof mit Kreuzgängen aus der Zeit der Renaissance. Unterhalb des heutigen Schlosses eine Rotunde aus vorromanischer Zeit

- Fragment murów obronnych Wawelu i baszty Złodziejskiej
- Part of the Wawel defence walls with the Thieves' Tower
- Ausschnitt der Wehrmauern mit der Diebesbastei

- Zarysy fundamentów dawnych gotyckich budowli, w tle baszta Złodziejska
- Traces of former Gothic foundations; Thieves' Tower in the background
- Fundamente der einst gotischen Burg. Im Hintergrund die Diebesbastei

- Na wzgórzu wawelskim. Widok od murów obronnych w stronę katedry
- On Wawel Hill: view from the defence walls towards the Cathedral
- Auf der Wawelanhöhe. Blick von den Schutzwällen zum Dom

- Dekoracja malarska Domu Długosza u zbiegu ulic Podzamcze i Kanoniczej
- Painting on the Długosz House on the corner of Podzamcze and Kanonicza streets
- Verzierungen am Długosz-Haus am Zusammenlauf der Unteren Burgstraße und der Kanonikergasse

- Ulica Kanonicza, Dom Dziekański z XVI w., w tle majestatyczne bryły zabudowań wzgórza wawelskiego
- Kanonicza Street: 16th-c. Dean's House; the royal walls rise majestically above the Wawel Hill
- Kanonikergasse. Dekanshaus aus dem 16. Jahrhundert. Im Hintergrund die mächtigen Bauten auf der Wawelanhöhe

- Romański kościół św. Andrzeja
  z XI w. przy ul. Grodzkiej
- Romanesque Church
  of St. Andrew in Grodzka Stree[t]
- Aus dem 11. Jahrhundert
  stammende romanische Andrea[s]
  kirche in der Burgstraße

- Barokowy kościół św. Pio[tra]
  i św. Pawła, nawiązujący [do]
  rzymskiego kościoła Il G[esú]
- Baroque SS Peter and Pa[ul]
  modelled on the Church [of]
  in Rome
- Barocke Peter-und-Paul-[Kirche]
  deren Stil an die römisch[e]
  Kirche Il Gesú anknüpft

- Wnętrze kościoła Bernardynek p.w.
  św. Józefa
- Inside the Bernardine Church devoted
  to St. Joseph
- In der Josephskirche der Bernhardinerinnen

- Gotycki kościół Dominikanów z XIII - XV w
  p.w. Świętej Trójcy
- The Holy Trinity Church of the Dominicans
  from the 13th-15th centuries
- Im 13.-15. Jahrhundert erbaute gotische
  Dominikanerkirche

- Planty, w tle wieże barokowego kościoła św. Anny i fragment budynku Collegium
  Nowodworskiego
- Planty, with the towers of the Baroque St. Anne's and a fragment of the Nowodworski
  (New Court) College
- In den Grünanlagen. Hinten die Türme der barocken Annenkirche und ein Teil des
  Nowodworski-Collegiums der Jagellonenuniversität

- Planty, zadrzewione tereny zielone w miejscu wyburzonych w XIX w., otaczających miasto, murów obronnych
- Planty, a green belt which replaced the old defence walls pulled down in the 19th c.
- Die Grünanlagen sind anstelle der im 19. Jahrhundert abgetragenen Stadtmauern entstanden

- Kościół Franciszkanów wraz z kompleksem zabudowań klasztornych; elementy romańskie i gotyckie
- Franciscan Church and Monastery - Romanesque and Gothic elements
- Franziskanerkirche mit anliegenden Klostergebäuden. Romanische und gotische Elemente

- Witraż „Bóg Ojciec" Stanisława Wyspiańskiego w kościele Franciszkanów
- 'God the Father', stained glass by Stanisław Wyspiański in the Franciscan Church
- Von Stanisław Wyspiański entworfenes Mosaikfenster „Gottvater" in der Franziskanerkirche

gotycki gmach Collegium Novum Uniwersytetu
Jllońskiego, siedziba władz uczelni

Gothic Collegium Novum of the Jagiellonian University,
school's administrative headquarters

gotisches Collegium Novum der Jagellonenuniversität. Sitz
Rektorats und der Dekanate

- Secesyjny budynek Towarzystwa Przyjaciół Sztuk Pięknych -
  Pałac Sztuki przy placu Szczepańskim
- Art Nouveau building of the Society of Friends of Fine Arts -
  the Palace of Art in Szczepański Square
- Jugendstilgebäude der Gesellschaft der Freunde der Schönen
  Künste am Szczepanplatz

- Dziedziniec Collegium Maius Uniwersytetu Jagiellońskiego
  z późnogotyckimi krużgankami, dziś muzeum
- Courtyard of the Collegium Maius of the Jagiellonian
  University (now a museum) with late-Gothic cloisters
- Innenhof des Collegium Maius der Jagellonenuniversität mit
  spätgotischen Kreuzgängen. Heute Universitätsmuseum

- Lajkonik na Rynku Głównym; przybywa tu co roku w oktawę Bożego Ciała z klasztoru Norbertanek na Zwierzyńcu
- The Lajkonik in the Main Market Square, coming here every year from the Premonstratensian Convent in Zwierzyniec on the 8th day after Corpus Christi
- Ein Lajkonik-Reiter auf dem Markt. Er erscheint hier alljährlich zur Oktave des Fronleichnamfestes, wobei der Umzug beim Norbertinerinnenkloster in Zwierzyniec seinen Anfang nimmt

- Fragment Rynku Głównego z XIV-wiecznym kościołem Mariackim z dwiema wieżami: dzwonnicą i wyższą hejnałową, z której co godzinę trębacz wygrywa słynny hejnał
- Main Market Square: the 14h-c. St. Mary's with two towers - the lower belfry and the taller bugle-call tower
- Teilansicht des Marktes mit der im 14. Jahrhundert errichteten Marienkirche und ihren beiden Türmen, dem Glockenturm und dem höheren Turm, von dem aus stündlich ein Trompeter seine Melodie erklingen läßt

- Płaskorzeźba dawnego ołtarza z kościoła Mariackiego, obecnie w Muzeum Archidiecezjalnym
- Bas-relief from the former St. Mary's altar, now in the Archdiocesan Museum
- Relief am einstigen Altar der Marienkirche Heute aufbewahrt im Museum der Erzdiözese

- Wnętrze kościoła Mariackiego, trójnawowej bazyliki; w głębi - pentaptyk ołtarza dłuta norymberskiego rzeźbiarza Wita Stwosza
- St. Mary's Church with a nave and two aisles; far inside, the pentaptych of the high altar carved by Veit Stoss, an artist from Nuremberg
- Im Inneren der Marienkirche, einer dreischiffigen Basilika. Hinten der Flügelaltar des Nürnberger Bildhauers Veit Stoß

- Fragmenty ołtarza wyrzeźbionego w lipowym drewnie w latach 1477 – 1489 : „Drzewo Jessego" w predeli ołtarza; „Zaśnięcie Najświętszej Marii Panny"; jedna ze scen z życia Świętej Rodziny
- Details of the altar carved in lime wood between 1477 and 1489: 'The Tree of Jesse' in the altar's predella, 'Dormition of the Virgin Mary' and a scene from the life of the Holy Family
- Details des 1477 – 1489 aus Lindenholz geschnitzten Altars: Predella des Hochaltars, Entschlafung der Heiligen Jungfrau Maria, Szene aus dem Leben der Heiligen Familie

- Fontanna na placu Mariackim
- Fountain in Mariacki Square
- Springbrunnen auf dem Marktplatz

- „Kuna" z czasów średniowiecza
  w ścianie kościoła Mariackiego
- Medieval shackles on the wall
  of St. Mary's
- Mittelalterliches Halseisen an
  der Wand der Marienkirche

- Pomnik Adama Mickiewicza na Rynku Głównym
  przed Sukiennicami
- Adam Mickiewicz Monument in front of the Cloth
  Hall in the Main Market Square
- Denkmal des Nationaldichters Adam Mickiewicz vor
  den Tuchhallen am Markt

- Zespół muzyczny w strojach krakowskich
  przygrywający na Rynku
- A folk ensemble in Cracow costumes
  playing in the Market Square
- Am Ring auftretende Krakauer
  Trachtenmusikanten

- Sukiennice, usytuowane centralnie na Rynku
  Głównym; dawne kramy handlowe, ich histo
  sięga średniowiecza. Renesansowy charakte
  Sukiennic zawdzięczamy przebudowie po po
  w 1555 r., a dzisiejszy ich wygląd - odnowie
  w XIX w. przy udziale m.in. Jana Matejki
- Cloth Hall, the former covered market in the
  part of the Main Market Square, dating back
  the Middle Ages. The building was refurbish
  in the Renaissance style after the fire in 155.
  thoroughly renovated in the 19th c.
  with Jan Matejko as one of the designers
- Mitten auf dem Ring gelegene Tuchhallen –
  einstige Krämerläden, deren Geschichte bis
  Mittelalter zurückreicht. Ihr Renaissancegep
  haben sie dem Umbau nach einem Brand im
  1555 zu verdanken, ihr heutiges Aussehen
  der im 19. Jahrhundert mit Beteiligung von J
  Matejko vorgenommenen Erneuerung

- Fragment Rynku z podcieni Sukiennic
- Part of the Market Square seen from the Cloth Hall arcade
- Teilansicht des Marktes von den Bogengängen der Tuchhallen aus

- Niepowtarzalny widok na trzy wieże Rynku - gotycka Wieża Ratuszowa przykryta barokowym chełmem, pozostałość po wyburzonym w XIX w. ratuszu; w tle - wieże kościoła Mariackiego
- Unique view of the three towers soaring above the Market Square: the Gothic Town Hall Tower with its Baroque cupola, the only reminder of the Town Hall demolished in the 19th c., and St. Mary's towers in the background
- Einmaliger Anblick der drei Türme am Ring: gotischer Rathausturm mit barockem Helmaufsatz (alles, was von dem im 19. Jahrhundert abgetragenen Rathaus geblieben ist), weiter hinten die beiden ungleichen Türme der Marienkirche

- Romański kościółek św. Wojciecha. W podziemiach - muzeum archeologiczne z odsłoniętymi warstwami kulturowymi rynku i wystawą przedstawiającą jego dzieje
- Romanesque St. Adalbert's Church, with the uncovered cultural layers beneath the Market Square and the exhibition of its history arranged by the Archaeological Museum
- Die kleine romanische Adalbertkirche. In ihren unterirdischen Gewölben befindet sich ein archäologisches Museum mit freigelegten Kulturschichten des Ringmarktes und einer Ausstellung über dessen Geschichte

- Wnętrze kościoła św. Wojciecha
- Interior of St. Adalbert's
- Inneres der Adalbertkirche

- Zachodni narożnik Rynku, po prawej stronie Pałac „Pod Baranami"
- West corner of the Market Square; the Rams' Palace on the right
- Am westlichen Marktrand. Rechts das Palais „Zu den Widdern"

- Kościół św. Wojciecha i perspektywa ulicy Grodzkiej, wychodzącej z południowego narożnika Rynku
- St. Adalbert's Church and a view of Grodzka Street opening from the south corner of the Market Square
- Adalbertkirche und die Perspektive der am südlichen Zipfel des Marktes beginnenden Burgstraße

- Fragment Rynku z Sukiennicami
- Part of the Market Square with the Cloth Hall
- Teilansicht des Marktes mit den Tuchhallen

- Wieczór na Rynku, widok spod arkad Sukiennic
- Market Square by night - view from the Cloth Hall arcade
- Ein Abend am Markt. Blick von den Tuchhallen aus

- Kamienica „Prałatówka"
  z późnorenesansową attyką
- Prałatówka (Prelate's House)
  with its late-Renaissance parape[t]
- Das Prälatenhaus mit einer Atti[ka]
  aus der Zeit der Spötrenaissance

- Mały Rynek, wschodnia pierzeja z zabytkowymi
  kamienicami
- Little Market Square - the east side with historic
  houses
- Kleiner Markt. Ostseite mit alten Bürgerhäusern

- Widok od strony Małego Rynku na jednonawowy kościół św. Barbary z XV w. i kościół Mariacki
- View from the Little Market Square on the aisleless 15th-c. St. Barbara's and on St. Mary's
- Blick vom Kleinen Markt zur Marienkirche und der im 15. Jahrhundert erbauten einschiffigen Barbarakirche

- Godła zdobiące staromiejskie kamienice: „Pod Trzema Lipami", „Pod Baranem", „Pod Orłem"
- Coats of arms ornamenting the Old Town houses: Three Lime-trees', Rams' and Eagle's
- Altstädtische Hauswappen: „Zu Dreilinden", „Zum Bock" und „Zum Adler"

- Neorenesansowy, eklektyczny gmach Teatru im. Juliusza Słowackiego z końca XIX w. wzorowany na paryskiej operze
- Late-19th-c. neo-Renaissance eclectic building of the Juliusz Słowacki Theatre, modelled on the Paris Opera House
- Im ausgehenden 19. Jahrhundert erbautes eklektisches Słowacki-Theater, das der Pariser Oper nachempfunden ist

- Kościół gotycki św. Krzyża z XIV w. przy placu św. Ducha. We wnętrzu interesujące sklepienie palmowe wsparte na jednym filarze i bogato zdobione ornamentyką roślinną
- 14th-c. Gothic Holy Cross Church in Św. Ducha (Holy Spirit) Square. Its interesting palm-like vault supported on a single pillar is richly ornamented with plant motifs
- Die gotische Heiligkreuzkirche am Heiliggeistplatz. Im Inneren auf einen Pfeiler gestützte Palmengewölbe mit reichhaltiger Pflanzenornamentik

- Ulica Floriańska, w głębi Brama Floriańska, od niej zaczyna się Droga Królewska
  prowadząca przez Stare Miasto do Wawelu
- Floriańska Street; in the distance,
  the Floriańska Gate, where the Royal Way
  leading through the Old Town
  to the Wawel begins
- Floriangasse. Im Hintergrund
  das Florianstor, von wo aus der durch die
  Altstadt führende königliche Weg zum
  Wawel seinen Anfang nimmt

- Mury obronne z Bramą Floriańską, jedyną
  zachowaną z ośmiu bram średniowiecznych;
  w głębi – baszta Pasamoników. Na murach -
  obrazy ulicznych malarzy
- Defence walls with the Floriańska Gate,
  the only one preserved of the eight medieval
  gates; Pasamoników Tower in the distance;
  pictures by street painters hang on the walls
- Stadtmauern mit dem Florianstor, dem
  einzigen erhaltenen der einst acht
  mittelalterlichen Stadttore. Hinten die
  Posamentiererbastei. Auf den Mauern
  Gemälde von Straßenmalern

- Barbakan, zwany też Rondlem -
  fragment średniowiecznych
  fortyfikacji obronnych; gotycka
  budowla z siedmioma
  wieżyczkami. W tle - Brama
  Floriańska, w przeszłości połączona
  z Barbakanem murem, tzw. „szyją"
- Barbican - a part of medieval fortifi-
  cation, a Gothic structure with seve
  turrets; in the background, the
  Floriańska Gate, once connected wi
  the Barbican by a wall called a 'ne
- Die Barbakane – ein Teil der
  mittelalterlichen Befestigungen,
  ein gotisches Außenwerk mit siebe
  Türmchen. Weiter hinten das
  Florianstor, mit dem die Barbakane
  durch eine Mauer verbunden war

- Plac Matejki z Pomnikiem Grunwaldzkim, wzniesionym królowi Władysławowi Jagielle w pięćsetną rocznicę zwycięstwa nad Krzyżakami pod Grunwaldem
- Matejko Square with the Grunwald Monument, erected to commemorate the 500th anniversary of King Władysław Jagiełło's victory over the Teutonic Knights at Grunwald
- Matejko-Platz mit dem Tannenberg-Denkmal, errichtet für den König Ladislaus II. Jagello aus Anlaß des 500. Jahrestages des Sieges über die Kreuzritter bei Tannenberg

- Gotycki kościół św. Katarzyny na Kazimierzu, fragment zespołu klasztornego Augustianów
- Gothic Church of St. Catherine in Kazimierz, a part of the Augustine Monastery complex
- Zum Klosterkomplex der Augustiner gehörende gotische Katharinenkirche im Stadtteil Kazimierz

- Późnobarokowy kościół Bonifratrów (d. Trynitarzy) na Kazimierzu
- Late-Baroque Church of Brothers of John of God (former Trinitarian) in Kazimierz district
- Spätbarocke Kirche der Barmherzige Brüder in Kazimierz

- Kościół św. Katarzyny - wnętrze z barokowym ołtarzem z XVII w.
- St. Catherine's interior with the 17th-c. Baroque altar
- Katharinenkirche. Inneres mit dem Barockaltar aus dem 17. Jahrhundert

- Plac Wolnica - rynek dawnego m Kazimierza, z gotyckim kościoł Bożego Ciała
- Wolnica Square, the market squ: of the former town of Kazimierz the Gothic Corpus Christi Churc
- Wolnica-Platz – der Marktplatz der einst selbständigen Stadt Ka mit gotischer Fronleichnamskirc

- Kazimierz, dawny ratusz na placu Wolnica, dziś siedziba Muzeum Etnograficznego; budynek z XV w., charakterystyczna wieża z XVI w.
- Kazimierz: the former town hall in Wolnica Square, now the Ethnographic Museum, a 15th-c. building with a characteristic 16th-c. tower
- Kazimierz. Ehemaliges Rathaus – heute birgt es das ethnographische Museum. Ein Gebäude aus dem 15. Jahrhundert mit unverwechselbarem Turm aus dem 16. Jahrhundert

- Kazimierz, Stara Bożnica z XV w., przebudowana w XVI w., obecnie Muzeum Judaistyczne; najstarsza synagoga w Polsce
- Kazimierz: Old Synagogue from the 15th c., rebuilt in the 16th c., the oldest synagogue in Poland, now the Judaistic Museum
- Kazimierz. Alte Synagoge aus dem 15. Jahrhundert, umgebaut im 16. Jahrhundert, gegenwärtig Judaistisches Museum. Älteste Synagoge in Polen

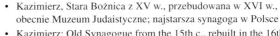

- Fragment Starej Synagogi
- Detail of the Old Synagogue
- Teilansicht der Alten Synagoge

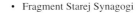

- Bożnica Wysoka z drugiej połowy XVI w. przy ul. Józefa na Kazimierzu
- High Synagogue from the second half of the 16th c. in Józefa Street in Kazimierz
- Hohe Synagoge aus der zweiten Hälfte des 16. Jahrhunderts an der Josephstraße in Kazimierz

- Współczesny image ulicy Szerokiej na Kazimierzu
- The present looks of Szeroka Street in Kazimierz
- Heutiges Aussehen der Breiten Straße in Kazimierz – des einstigen Mittelpunkts des jüdischen Viertels

- Barokowa świątynia żydowska na Kazimierzu - bożnica Izaaka, zwana też synagogą Ajzyka
- Baroque Jewish temple in Kazimierz: Isaac's (Ajzyk's) Synagogue
- Barocke Isaak-Synagoge in Kazimierz